JN410521

시인 최혜숙

그날이 그날 같은

최혜숙 시집

그날이 그날 같은

시학
Poetics

■ 추천사

자세와 정진

성찬경(시인 · 대한민국예술원 회원)

최혜숙 시인(이하 경칭 생략)은 2007년에 등단하였으며, 이 시집 『그날이 그날 같은』은 그의 첫 시집이 되는 셈이다.

시집을 차분히 읽어 나가면서 나는 차츰 이 시인에 대해서 감탄하는 마음을 갖게 되었다. 신인으로서의 패기, 그런 것은 물론 살아 있지만 동시에 시인으로서의 시적 개성도 이미 충분히 느끼게 하는 것이다. 이런 점을 우리가 간과해서는 안 될 것이다.

시를 읽어 나가면서 재미있다 싶은 시에 동그라미표(○)를 해 나갔다. 그런데 놀라운 것은 거의 시 전편에 동그라미표가 붙어 버린 것이다. 이것은 시집 한 권에서 좋은 시 몇 편을 건지기 어려운 작금의 시단 상황에 비추어 볼 때 놀라운 일이다.

최혜숙의 시적 개성과 그의 시 세계는 어떠한 특색이 있는 것일까. 우선 눈에 띄는 것은 사물에 대한 면밀한 관찰과(이것은 시인의 자질 중의 하나다) 그것에 대한 정확한 표현(말 다루기)

에서 이미 착실한 수련이 돼 있다는 점이다. 그리고 이것은 시와 인생을 대하는 그의 자세가 바르며 정공법의 테두리를 잘 지키고 있다는 표시다. 예를 들자면 시집 제3부의 제목은 '모든 것은 연습이 필요하다' 이고 그 안에 같은 제목의 시가 들어 있다.

세상에 쉬운 일은 없다
처음부터 잘되는 일도 없다
그러나 조금씩 나아질 것이다

(……중략……)

하지만 콩새도 처음엔 나처럼 나는 게 어려웠을 것이다
수십 번 땅바닥에 곤두박질치고 난 후에야
날개에 바람을 실을 수 있었을 것이다

며칠 전부터 발을 떼기 시작한 아이의 걸음마가
단옷날이면 마을에 들어와 줄을 타던
남사당패 꼭두쇠 같다

—「모든 것은 연습이 필요하다」 부분

시詩가 되풀이 연습을 해서 조금씩 앞으로 나아가는 먼 길이라는 점은 나도 늘 강조해 온 터다. 인생도 보기에 따라서는 하루하루가 죽음을 향해 가는 연습이 아닌가. 그런데 이런 작은 깨달음을 얻기 위해서는 보통 어느 정도 경륜을 쌓아야 하지 않을까 싶다. 최혜숙은 가볍게 이런 단계를 넘고 있다.

리얼리즘 묘사의 훈련은 시건 산문이건 글쓰기의 기본적 '데생' 이다. 화려한 주장이나 '이즘' 은 이 연습을 착실히 익힌 후에 하는 것이 바람직한 순서다. 최혜숙의 적확한 표현의 역량이 어느 수준인가를 알 수 있는 시구가 있다. 다음은 화가 황재형의 그림을 보고 쓴 시 「태백을 엿보다」 중의 구절이다.

길모퉁이에 내다버린 연탄재 구멍에 구절초 피고
새까만 물들 웅덩이에 모여 깔깔거리고
옥수수 끌텅이 빗속에서 버둥거리고
가을걷이 끝난 밭엔 까만 고추 몇 개 디룽거리고
탄광에서 막 나온 광부가 까만 이를 드러내며 웃고

상황의 묘사가 예리하고 정확할 뿐만 아니라 재미(해학)까지 담고 있다. 이렇게 연마한 솜씨로 최혜숙은 윤곽이 선명하면서도 여운 있는 정경을 그려낸다.

최혜숙의 시의 무대에는 술을 즐기는 두 남성이 등장하며, 이들은 그 밖의 등장인물들에 어느 정도 심리적 음영을 드리우고 있다. 이들은 시에 어느 정도의 극적 효과를 자아내기도 한다. 최혜숙은 이런 정도의 시 구성 인자들을 조립하여 색채감이 넘치는 슈르레아리즘 풍風의 정경을 보인다. 이 시인은 초현실주의 그림에도 관심이 많은 듯하다.

깁스를 자르는 톱이 다리 위에서 미끄러진다
발꿈치에 생겨난 하얀 구름
어젯밤 새가 먹은 것이 구름이었나?

발바닥으로 생각을 불러 모은다
통증이 시를 만든다
딱따구리가 시를 쓴다

—「발꿈치에 흰 구름이 생겼어요」 부분

최혜숙의 시적 개성의 특색에 대해서 지적하고 싶은 사항이 두 가지 더 있다. 최혜숙은 어느 편이냐 하면 멋드러진 가락이 흐르는 서정시를 쓰는 편이라기보다는 마치 그림을 보듯 선명하게 회화적인 심상을 다듬어 내는 유형의 시인이다. 회화적이며 동시에 음악적이고, 음악의 선율이 흐르면서도 회화성이 있는 시라면 더 좋겠지만 이러한 경지는 이 시인에게 부과된 앞날의 과제다. 우선은 시적 체질을 선명히 부각시키고 있다는 점만으로도 대견한 일이라 아니할 수 없다.

시각적으로 선명한 시를 써내는 시인, 미국의 사상파寫像派 이미지스트를 연상시키는 유의 시를 써내는 시인은 또 하나의 특성이 자연스럽게 도출된다. 이러한 시인들은 예외 없이 냉철한 지적 시심의 소유자라는 점이다. 그렇다고 해서 최혜숙이 정적情的으로 메말랐다는 얘기는 아니다. 이 시인의 시에는 알맞은 정도의 서정적 '쥬스' 가 동시에 흐르고 있다는 점도 지적해 두고 싶다.

내가 여기에서 끝으로 또 한 가지 강조하고 싶은 것은 지성을 주축으로 해서 지성과 정서를 조화시켜 시를 써나가는 작업이 21세기 우리 시의 나아갈 방향이라는 점이다. 사실 지금까지의 우리 시는 많은 평가들에 의한 많은 논평에도 불구하고 아직도 주정적主情的 취향에서 벗어나지 못하고 있다. 최혜숙 같은 시인이 현재 지향하는 방향이 바로 우리 시가 나아갈 방향과 일치한다는 점을 나는 기쁜 마음으로 지적할 수가 있다.

최혜숙은 지금까지 말씀드린 바와 같이 좋은 시적 자질과 정진精進의 자세를 지니고 시단에 나온 신인인 만큼 앞으로 크게 기대되는 시인이며 이런 신인이 나타났다는 것은 마땅히 시단의 기쁜 일이 아닐 수 없다.

그러나 나에게는 이러한 기쁨과 함께 느껴지는 또 하나의 숙연함이 있으니 이것은 훌륭한 자질을 키워나가는 일의 지난至難함을 너무나 잘 알고 있기 때문이다. 시의 길은 험하고 멀고 높다. 기대되는 신인일수록 이러한 어려움을 미리 아로새겨야 한다. 하지만 이러한 고난은 동시에 보람 있고 축복 받은 고난이다. 내가 이 시인이 성실한 마음으로 부디 꿋꿋하게 이 길을 가기를 바란다는 뜻의 축배를 드는데 주저할 이유가 어디에 있겠는가.

(2010년 가을)

■ 시인의 말

“아름다운 시는 다시 다듬어진 광기”라는
가스통 바슐라르의 말처럼
내 시적 몽상은
빈번하게
얼굴 없는 사물들과 손을 잡는다.
그것이 나를 들뜨게 한다.
내 무의식 속에 깊이 침잠되어 있는
이 시퍼런 광기를
나는 아마 평생 사랑하게 될 것이다.

2010년 가을
최혜숙

차 례

제1부

제2부

제3부

제4부

제1부

크리스마스 선물

가방의 지퍼를 열기도 전에 수많은 눈동자가 달라붙는다

가방의 배가 점점 불룩해진다

사방에서 반짝이는 어린 눈들이 가방을 기웃거린다

가방은 점점 커져서 온 방을 다 차지하고
식구들은 자꾸 방 밖으로 밀려난다

선물을 한가득 담고
방 한가운데 덩그러니 드러누워 있는 가방

모두들 잠든 한밤중에 조용히 가방을 연다
가방 속,
낮게 코를 골며 주무시는 아버지

연민

살이 온몸을 먹어 치우고
뇌마저 먹어 치우자
여자는 죽었다

살덩이에 눌려
순식간에 한 생을 놓쳐 버린
비만 여자

관에 담기에도
너무 무거운 여자

이층 목조 주택 한 채가
통째로 불타고 있다*

---

* 영화 〈길버트 그레이프〉의 마지막 장면.

기적
— 나무를 심은 사람*

한 남자가 머리를 심고 있네
풀 한 포기 자라지 않는 황무지에 날마다 머리를 심고 있네
날이 갈수록 머리가 자라네
조금씩 숲이 보이기 시작하네
아무도 알지 못하네
누가 머리를 심었는지
누가 숲을 만들었는지
무성한 떡갈나무 숲이 만들어지고
긴 가르마 사이로 물이 흐르기 시작하네
사람들이 떠났던 황무지에
아이들 웃음소리가 돌아오고 있네
푸른 골짜기가 생겨나고
떡갈나무 가지에 머리가 열리네
메마른 황무지에 꽃이 피기 시작하네

---

* 프랑스의 소설가 장 지오노Jean Giono의 작품. 자연 상태의 생활 속에서 대지와 인간의 합일을 꿈꾸는 작품을 씀.

바비인형이 되다

정오가 되자 가로수에 걸린 해가 혀를 날름거리기 시작한다

나는 연필처럼 서서 그늘을 찾는다
그러나 아직 잎이 나지 않은 나무엔 그늘이 없다

얼굴이 점점 빨개진다

나는 큰 소리로 딸아이를 부른다

오후 늦게 돌아온 딸아이는 크레용을 들고 나뭇잎을 그린다
푸른 잎을 가진 나무들이 재빨리 그늘을 만든다

딸아이는
사탕을 가져다가 구름 위에 올려놓기도 하고
구름으로 아이스크림을 만들기도 하고
아이스크림을 타고 하늘을 날기도 한다

그늘 속에서

나는 바비인형이 되었다

태백을 엿보다

—'젊 흙과 뉠 땅의 화가 황재형전' 을 보고

비탈진 탄광촌에 초록비 내리고
까만 골목 사이로 빗방울 쏜살같이 달려가고
다닥다닥 붙은 슬레이트 지붕 위에 작은북 소리 들리고
낙숫물 섬돌 위로 뛰어오르고
침침한 눈 비비며 구멍가게 문 열리고
번개탄 구멍 속 매캐한 연기가 마당에 깔리고
등 굽은 노파 양은냄비 들고 나오고
벌겋게 달아오른 탄불 위에서 된장 자글거리고
초록비는 아무 데나 내리고
지나가던 빗물이 잠시 사립문 들여다보고
오랜만에 말끔해진 처마가 얼굴을 맞대고 웃고
초록 대문이 반짝거리고
길모퉁이에 내다버린 연탄재 구멍에 구절초 피고
새까만 물들 웅덩이에 모여 깔깔거리고
옥수수 끌텅이 빗속에서 버둥거리고
가을걷이 끝난 밭엔 까만 고추 몇 개 디룽거리고
탄광에서 막 나온 광부가 까만 이를 드러내며 웃고

빗속을 달리는 강아지 꼬리가 질질 끌리고
마당에 널린 빨래에 검은 얼룩 번지고
그림 속에서 나온 선탄부가
젖은 흙과 석탄재를 섞어 물감 위에 또 바르고
그림 위로 초록비 내리고

밤꽃

아버지 얼굴에 술꽃이 피면 쥐코밥상은 마당을 날아다닌다

마당 가운데 처박힌 밥상은 모로 서서 울고
젊은 엄마는 모로 앉아서 운다

땅바닥에 쏟아진 하얀 쌀밥을 주워 담으며
흰 달빛처럼 엄마가 운다

밤꽃이 웬수야
밤나무를 없애 버려야지

엄마는 도끼를 들고 몇 번이나 밤나무 밑동을 찍었지만
늙은 밤나무엔 해마다 왕밤이 열렸다

밤꽃 사이로 둥글게 떠 있는 쌀밥 한 덩이
괜스레 헛배만 불렀다

펀드 매니저

사내는 날마다 벽 속으로 출근한다

벽 속에 앉아 종일 서류를 뒤적거리다
객장 전광판을 올려다본다
오전 장에 켜졌던 빨간 등이 하나씩 색깔이 바뀐다
지수가 바닥을 친다
온통 파란색이다

사이드카 발령

한숨이 웅성거린다
돌을 씹는 것처럼
사내는 손톱을 물어뜯는다
줄담배를 피운다
삿대질처럼 피어오르는 담배 연기

사내는 몰래 벽 속에서 나와
빌딩 옥상 난간에 선다
공중에 뜬 담배 연기가 사내를 끌어당긴다

정오의 눈사람

머리가 녹는다
가슴이 녹는다

두 눈은 태양을 기다린다
입술은 까맣게 탄다
눈앞에 찍힌 아이의 발자국
흐물흐물 녹아내린다

내게 눈썹을 붙여 준 아이
젖은 눈에서 눈물이 흐른다

내 옆에 나란히 선
아이의 얼굴이 녹아내린다
자신이 녹는 줄도 모르고
아이는 태양을 기다린다

사라짐에 대해 아이는 알까?

정오의 아이에겐 가슴이 없다

달의 고민

늙지도 못하고 죽을 수도 없다

고개를 숙인 채
돌아앉은 달이
진흙가면 속에 갇혀
울고 있다

재수 좋은 날

나물 캐는 바구니 들고
갈래머리 아이가 산길을 간다

산중턱 저수지 둑이 터져
팔뚝만한 붕어들이 파닥거린다

나물 캐는 일은 까맣게 잊고
무논에 엎드려 붕어를 잡는다

팔딱팔딱 뛰는 바구니 안고
갈래머리 아이가 산길을 내려온다

당신이라는 방

이상도 하지 나는 왜 한밤중에 일어나 당신의 얼굴을 기웃거리는 걸까 당신의 얼굴은 닫힌 방처럼 캄캄한데 주인 없는 그림자들의 아우성이 밤새 머릿속을 두드린다 어둠 속에 숨어 있는 당신의 방문을 열 수가 없다

이상도 하지 나는 왜 꽃이 피는 새벽이면 목이 타는 걸까 자작나무 밑 당신의 발자국엔 소리가 없다 숲속으로 사라지는 가볍고 무거운 그림자, 마른 나무들의 젖은 아우성을 떠나보낸다

이상도 하지 나는 왜 자꾸 어둠 속으로 뒷걸음치는 걸까 커튼 뒤에 웅크린 당신의 울림 없는 목소리 두꺼운 벽에 막혀 아무런 소리도 들리지 않는다 문틈으로 새어나온 냉기가 온몸을 훑으며 지나간다 문 하나를 사이에 두고 나는 천 년 동안이나 문밖에서 서성거리고 있다

펜타프리즘*

오늘이 잘려 나갔다

머릿속에 번뜩이는 조각난 파편들
필름 속에 들어온 짧은 순간들이 흔들린다
파인더 스크린에 잡혔던 내 얼굴이 떨어져 나간다

빛을 먹었다

렌즈 사이에서 들리는 비명 소리가
빛을 향해 달리고 있다

깃만 남은 빨간 바바리
잘려 나간 갈색 구두코
레깅스에 담긴 다리가 수십 개로 겹쳐진다

---

* 피사체의 광속은 촬영렌즈를 지나 메인 미러로 반사되어 파인더 스크린에 상을 맺는다. 촬영자는 그 상을 펜타프리즘과 접안렌즈를 통해 보게 된다.

구두코 위로 빨간 눈물이 흘러내린다

내가 잃은 건 그것뿐이었나?

골콘드*

구름 속에 검은 문이 있다
아이들은 하루 종일 검은 문을 두드리며
재잘재잘 돌아다닌다

—저건 초콜릿 상자야
—분홍색 리본이 보였어
—아니야, 저건 해적선이야
—검은 모자를 봤어, 검은 깃발도

저마다 큰 소리로 떠들어 댔지만
사실 그 문을 열고 들어가 본 아이는 없었다

세상의 모든 문이
문 뒤에 또 하나의 얼굴을 갖고 있는 것처럼
아이들도 저마다 또 다른 얼굴을 갖고 있었다

---

* 벨기에 화가 르네 마그리트René Magritte의 1953년 작품. 개인 정체성의 상실과 일상의 단조로움, 진부함으로 고통 받는 20세기 인간의 조건에 대한 은유가 담긴 작품이다.

그날 밤
천둥 번개를 동반한 폭우가 쏟아졌고
짙은 회색 양복에 중절모를 쓴 어린왕자가
비를 타고 내려왔다

아주 잠깐 사색에 잠기다

늙은 마법사의 빗자루를 타고 하늘을 날다가
잠시 떨어져 진창에 처박히기도 하고
셔츠에 달린 단추처럼 단정히 줄 맞추다가
실 끝에 매달려 대롱거리기도 하고
작은 돛배에 실려 흘러가다가
어쩔 수 없이 강물 속으로 곤두박질치기도 하고
잘 벼린 이빨로 누군가를 물어뜯다가
미안하다고, 미안하다고 사과하기도 하고
돌 틈에 피어난 노란 애기똥풀에게 눈 맞추고
안녕! 인사를 나누기도 하고
필사적으로 밥그릇을 긁어 대는
강아지의 맑은 눈빛을 하염없이 쳐다보기도 하고
옷깃에 내려앉은 눈송이처럼 스르르
흔적도 없이 사라지기도 하고
가끔은 시간 여행자의 아내가 되어
다른 시간에서 오는 남자를 무작정 기다리기도 하고,

꽃무늬의 힘

꽃무늬 원피스를 입은 아이가
꼬깃꼬깃 걸어가고 있다

횡단보도를 건너 점점 작아지더니
어느새 망초꽃 사이에 숨는다

꽃 속에 묻힌 아이
눈동자에 꽃물이 흐른다

아이의 댕기머리가
꽃무늬에 갇힌다

반딧불이 한 마리가
망초꽃 위로 날아오른다

맹인안내견

곱슬머리 소녀와
골든 리트리버 한 마리가
찬바람 부는 양화대교 위에 서서
저 멀리
해 저무는 한강을 바라보고 있다

제2부

묵화墨畵

긴 겨울밤

하얀 버선이 베를 짠다

베틀을 타고 자르르 풀리는 한숨 소리

남쪽 하늘에 하현달이 걸린다

달의 귀에 걸린 명주실

북*을 들고 날실 사이에서 졸고 있는 여윈 손

날이 새는 줄도 모른 채

퉁퉁 부어오른 발이 베틀신을 당긴다

* 베를 짤 때 날실 틈으로 왔다 갔다 하며 씨실을 풀어 피륙을 짜는 나무로 만든 작은 배 모양의 기구.

샴siam

손을 내밀었지만
나는 잡아 주지 못했다

가늘고 긴 손가락
허공을 가르다 멈춘다

돌아보는 순간
죽을힘을 다해 밀어낸다

평생을 한 몸으로 살아야 하는
두 개의 슬픈 머리

하나의 생각으로
서로 다른 곳을 보고 있다

상가喪家

뱃살은 늘 소리 없이 고인다*

이삼 년 못 본 사이
몰라보게 몸집이 커진 친구가 뒤늦게 들어온다
주체할 수 없이 늘어난 살들이
그녀를 먹어 댄다
터질 듯이 부풀어 오른 다리 아래
신발이 비명을 지른다

—홍어 좀 더 가져와
—수박 참 맛있다

와작와작
빨간 슬픔을 베어 먹는다

---

* 김찬옥 시인의 시 「이상한 시계」 중에서.

장밋빛 인생

엄마를 기다리는 붉은 밤

마른 빵이 바스락거려요
버려진 아기들은 친구가 없어요
이에나 다리*를 건너가면 빛이 보일까요

빨간 눈물 속에서 노래를 불러요

물속에 뜬 별들이 사라지고 있어요
엄마별이 점점 희미해져요
노래를 부르면 엄마별이 보일까요

아무리 먹어도 배가 고파요
하늘까지 들리도록 밤새 노래를 불러요
물병자리에서 떨어지는 빨간 눈물

---

* 파리 센 강에 있는 다리 이름.

라비앙 로즈**
라비앙 로즈

배고픈 아기들은 노래를 먹어요

**프랑스 샹송 가수 에디트 피아프의 노래 제목. '장밋빛 인생'이란 뜻.

비몽사몽

안녕하십지

꽉 들어찬 사람들 사이로 담배 연기 피어오르고 술잔이 부딪치는 소리가 시끄럽습지 귀에다 입을 바짝 대지 않으면 순식간에 모든 말들이 술잔 속으로 가라앉습지 무의미한 말들이 헛웃음을 좇고 있습지 벌써 많은 시간이 흘러 성근 머리털 사이로 꼬리 잘린 말들이 숨어드는 시간입지 종이도 뚫을 것 같던 눈빛이 게게 풀어지고 있습지 술과 범벅이 된 음식 냄새가 한숨 속에 섞여 나옵지 바짝 붙은 의자들이 취해서 조금씩 옆으로 눕고 있습지 나를 주저앉히던 사람들도 자꾸 목이 꺾이고 있습지 사방을 두리번거리다 탁자에 머리를 내어주고 모르는 척 엎드려 있습지 누군가 집에 가자고 어깨를 흔들면 못 이기는 척 일어나서 비척비척 걸어갑지 다음 날 일어났을 때 이것저것 생각나는 일들이 낯을 뜨겁게 합지 다른 세상으로 간 시인을 위해 건배하다가 신세타령을 하며 애꿎은 술잔을 던졌습지 기둥에 부딪친 유리 파편이 사방으로 튀었습지 그중

한 개가 내 팔에 박혔습지 유리 파편을 빼낸 자리가 발갛게 부어올랐습지 그래도 살아 있음에 감사합지 나는 술잔 속에서 시작하여 술잔 속으로 소멸하는 인간입지 죽어서도 결코 술잔을 떠날 수 없는 운명을 타고났습지

용서하십지

바쿠스의 눈물

엄니, 내 말 쪼까 들어보더라고. 오늘 새복 한 식경도 넘었는디 택시운전수한티 전화가 왔어라우. 글시, 엄니 손주새끼가 택시 바닥에 먹은 것을 다 게웠다고 빨랑 돈 갖고 와서 업어 가라고 합디다. 어쩌겠수, 김서방이 나가서 십만 원 물어 주고 알 업고 들어왔는디 정신이 하나도 없어라우. 엄니, 우리 조상 중에 혹시 술독에 빠져 죽은 귀신이라도 있수? 당최 와 그란다요? 술만 처먹으면 방바닥에 엎어져서는 훌쩍훌쩍 울어 쌌는디 청승도 그런 청승이 없당께. 으째 그라냐고 물어도 자꼬 미안하다고만 해싼당께. 뭐시 그리 미안한지 말을 안항께 몰르겄고 내 속만 터져 죽겠소. 암튼 엄니, 나는 암시랑토 안항께 걱정일랑 붙들어 매소. 나야 워찌 살아도 안 살겄소. 안 그라요 엄니, 난 참말로 암시랑토 안하요.

이사

노름빚에 집도 비워 주고 애지중지하던 자개장롱도 헐값에 팔아 치운 어머니는 마냥 빈 하늘만 보고 있었는데, 푹 눌러쓴 중절모 아래 검은 얼굴, 수염이 덥수룩한 사내가 살금살금 다가와 트럭 짐칸에 몰래 숨어든 것도 그만 까맣게 모르고 있었는데, 주섬주섬 길바닥을 깔고 앉아 있던 아이들을 태우고 트럭은 거침없이 달려갔는데, 늙은 해바라기 사이로 보이던 집은 점점 작아지다가 아주 사라졌는데, 흰 셔츠에 칼날처럼 주름 세운 바지를 입고 거들먹거리던 사내는 초라한 이삿짐이 되어 짐칸 한 귀퉁이에 구겨져 있었는데,

그날이 그날 같은

비 오는 날엔
숲길을 걷다가도 메마른 줄기에 흐르는 나무의 눈물을 다려요 가지마다 눈뜨는 새싹의 두 팔과 연둣빛 이파리에 앉아 우는 휘파람새의 젖은 노래도 다려요

바람 부는 날엔
페르시아 사막을 건너는 쌍봉낙타의 눈망울을 다려요 하늘을 날다 거꾸로 처박힌 아라비아 상인의 양탄자도 다려요 모래폭풍이 지나간 자리에 불쑥 솟아오른 무덤도 다려요

마음이 우울한 날엔
신발장 한구석에서 늙어 가는 검정색 단화의 외로움을 다려요 여기저기 버려진 채 잊혀 가는 내 못생긴 발자국도 다려요 송곳처럼 세상을 찔러 대던 하이힐의 콧대도 납작하게 다려요

어쩌다 안개 낀 날에는

안개 속에 나를 잡아넣고 적당하게 촉촉해진 눈가를 다려요 입가에서 떠날 줄 모르는 근심도 다려요 어린 날개가 바닷물에 절어서 돌아온 나비처럼* 축 늘어진 어깨를 다려요

그날이 그날 같은

* 김기림의 시 「바다와 나비」 중에서 운을 따옴.

귀여운 당신 · 1

얼음 연못에 들렀더니
달이 먼저 와서 기다리고 있네요
아기 꽃사슴 다녀간 듯
여기저기 꽃 자욱 어지럽네요
꽁꽁 언 연못을 통째로 마시려고 애썼나 봐요
온통 실금투성이에요

달은 자꾸 미끄러지고
나는 얼음 위에 누워 별들의 노래를 들어요
큰곰자리 옆에 앉아 손짓하는 푸른 별
저 별이 정말 당신일까요
눈이 부셔 쳐다볼 수가 없네요

얼음 위에 앉아
연못 속을 들여다보고 있어요
깜박깜박 졸고 있는 푸른 별
금방이라도 사라질 것처럼 희미해지네요
두 주먹을 불끈 쥐고

큰 소리로 당신의 이름을 불러요
시퍼렇게 반짝이는 얼음연못
아무리 두드려도 깨어지지 않네요

그래요, 잘 자요
귀여운 당신

귀여운 당신 · 2

술독에 빠진 날엔 어김없이 아파트 입구에서부터 '장밋빛 스카프' 를 목이 터져라 불러서 잠든 사람들 모두 깨워 놓고 기세도 당당하게 초인종을 눌러 대는 당신

그동안 어떻게 참았을까

한번 말문이 열리면
한 말 또 하고
한 말 또 하고
하품이 뱉어 놓은 말을 삼키기 시작해도
아는지 모르는지
끝도 없이 달리는 말들

술의 강도와 말의 속도는 비례하나 봐요
말이 얼마나 빠르고 유창한지
꼭 웅변가의 아내가 된 것 같아요
어쩌다 한번 술이 당신을 먹는 날은

그래도 당신의 말을 들으며 잠들 수 있어서 좋아요

울퉁불퉁 자갈길을
발바닥이 뭉개진지도 모르고
쉬지 않고 달려온 당신
가끔은 어깨 위에 올라앉은 식구들을 내려놓고
안데스 산맥을 넘어 칠레의 바닷가를 지나
몬테비데오를 지나 리우데자네이루까지
당신의 말을 타고 달려가세요

그때는
내가 당신의 짐을 지고
달리고
또 달린 후에
당신처럼 한번 취해 볼게요

그해 여름

어머니를 묻고 내려오는 황톳길에
비가 내린다

상복치마는 붉은 흙에 빠져 울고
검은 양복은 가랑비에 젖어 운다

길 위에 찍힌 발자국마다
붉은 눈물이 고인다

철없는 막내 품에 안겨
애처롭게 웃고 있는 영정 사진

어머니 큰 눈에
어느덧 빗물이 고여 있다

그 아이가 사는 법

쓰촨 성의 저녁

작은 아이가
길가에 쭈그리고 앉아
꽃빵을 먹는다

어느새
다리를 끌며 다가와 불쑥 손을 내민다
새카만 손바닥이
사람들 사이를 누빈다

좁은 틈새를 뚫고 날아와
내 귀에 박히는 서툰 한국말

처넌!
처넌!

가을이 서먹한 이유

오랜만에 친구들이 서대전역에 모였습니다 목포 사는 선희가 가져온 무화과 한 개씩 집어 들고 껍질을 벗겨 내며 속살속살 이야기꽃을 피웁니다 모두 붉은 목젖을 드러내며 웃습니다 무화과 바구니가 비어 가고 해가 찻잔 언저리에서 흘러내립니다

"우리집 둘째는 장애가 있어"

선희의 눈빛에 물기가 묻어 나옵니다 문득 모두의 시선이 집중되고 흩어졌던 마음들이 모여듭니다 여러 개의 선이 모여들어 한 개의 꼭짓점을 이루는 것처럼 기어코 눈물을 보이는 선희의 손 위로 포개지는 손들이 따뜻합니다 여러 해 동안 서로 다른 곳을 바라보던 마음들이 하나가 되는 순간입니다 붉은 단풍이 마음을 물들이는 아름다운 가을 오후입니다

여름날

수영복 입은 유치원생들이 삶은 감자 한 알씩 들고
풀장 가에 나란히 앉아 있다

가운데 앉은 딸아이가 엉거주춤 서서
입을 반쯤 벌린 채
한 손을 앞으로 내밀고
그렁그렁한 눈으로 물속을 들여다보고 있다

아이의 눈길이 닿은 물속
삶은 감자 한 알이 막 곤두박질치고 있다

염원

아미산* 꼭대기

키 작은 소나무들이 모여
불공을 드린다

보랏빛 구름도
나무 사이를 돌며
소원을 빈다

보현보살 발밑에 엎드린 사람들
안개를 손바닥에 담아
절을 올린다

구름 위에 올라앉은
보현보살이
산중턱을 둥둥 떠다닌다

---

* 중국 쓰촨 성 중남부에 위치한 산. 산정 부근은 사철 눈이 쌓여 있고, 언제나 운무에 덮여 있어 안개 속에서 보현보살이 나타난다고 전해지고 있다.

어름사니

한순간 발을 헛디뎌
허공 속 하얀 무늬가 된다면
가녀린 꽃잎처럼
바람을 탈 수 있을까

위태롭게 흔들리는 여린 꽃잎 하나
장대에 매달려 구름 속을 걷는다

발바닥을 들고 푸른 멍들이 운다

줄 위에서 바라보는 세상 요지경
순식간에 사라지고 말,
한차례 꿈과 같은

바람을 가득 머금고
사박사박
꽃 지는 세상 속으로
나는 간다

제3부

침묵의 향기

— 심우장尋牛莊에서

소를 찾으러 간 시인은
아무리 기다려도 오지 않고

오래전
시인이 심었다는 향나무 한 그루만
빈 뜰에 침묵의 향기를 퍼뜨리고 있다

북면北面하고 앉아
총독부 쪽은 쳐다보지도 않았다는 시인이
잠시 노송 뒤에서 어른거렸던가?

시인의 목소리 간데없고
큰 침묵만이 책장을 넘긴다

툇마루에 걸터앉아
침묵의 향기를 맡는다

장례식장 103호

찾아오는 사람 뜸한 빈소
열두 살 상주가
술 취한 아비의 한숨 뒤에 숨어
큰 눈만 끔벅거리고 있다

그림일기

십 리를 걸어가
학교 도서관에서 세계문학전집 빌려 오는 길
어린 마음에
책 열 권을 보자기에 싸서 이고
낑낑대며
흙먼지 풀풀 날리는 황톳길을 걷는다
구름 한 점 없는 하늘가
고추잠자리만
높이높이
날아오르고
더위 먹은 책 보따리는
자꾸 땀을 흘리는데
책을 읽고 싶은 마음이 앞서
무거운 줄도 모르고
올망졸망
고갯길을 오른다

모든 것은 연습이 필요하다

가볍고 얇은 날개를 달고
비탈진 언덕에 올라가 나는 연습을 시작한다
라이트 형제도 처음엔 이렇게 시작했을 것이다
속이 훤히 비치는 날개를 활짝 펴고
온몸 가득 바람을 들이마신다
바람을 등에 업고 땅바닥에서 발을 뗀다
하지만 힘 한번 써보지도 못한 채 언덕 아래로 팽개쳐진 나
세상에 쉬운 일은 없다
처음부터 잘되는 일도 없다
그러나 조금씩 나아질 것이다

언덕 아래 밭고랑에서 콩새 몇 마리가 나를 엿보고 있다
저희들끼리 이마를 맞대고 킥킥거린다
그러곤 아무 힘 안들이고 가볍게 굴참나무 숲으로 자리를 옮긴다
―차암 쉽죠 잉

하지만 콩새도 처음엔 나처럼 나는 게 어려웠을 것이다
수십 번 땅바닥에 곤두박질치고 난 후에야
날개에 바람을 실을 수 있었을 것이다

며칠 전부터 발을 떼기 시작한 아이의 걸음마가
단옷날이면 마을에 들어와 줄을 타던
남사당패 꼭두쇠 같다
두 팔을 활짝 펴고 기우뚱기우뚱
금방이라도 넘어질 듯 아슬아슬
엄마 말고는 아무것도 보이지 않는 아이
무작정 두 발을 떼어 놓는다
하지만 아이가 가까이 올수록 한 발짝씩 물러서는 나
아이의 눈 속에 엄마는 너무 멀리 있다

시인의 방

내 마음속에 낡고, 허물어지고, 어둡고, 답답한 붉은 방이 있다는 걸 알았을 때 나는 엄마와 아내의 자리를 팽개치고 무작정 로마행 비행기를 탔다. 이탈리아 남단 폼페이 허물어진 기둥 사이에 누워 하룻밤을 보냈다. 베수비오 화산에선 지금도 유황 연기가 풀풀 피어올라 구름 속으로 스며들고 있었다. A.D. 79 도시와 함께 사라진 그 많던 아내와 엄마들은 다 어디로 갔을까. 굳어진 붉은 용암 속에 누워 오늘도 남편과 아이들을 그리워하고 있을까. 목욕탕에서, 거리에서, 침실에서, 우물가에서, 당시의 절박했던 모습으로 아이들을 찾아 헤매는 엄마들의 울음소리가 들리는 듯했다.

여행에서 돌아온 다음 날부터 나는 붉은 방을 뜯어고치기 시작했다. 기둥을 새로 세우고 벽에는 붉은 페인트로 푸른 방랑자를 그렸다. 헐거워진 창틀을 떼어내고 방 안 가득 햇살을 들여놓았다. 틈만 나면 히말라야로, 산티아고로, 아테네로 지구를 반 바퀴쯤 돌고 나니 세상의 중심에 서 있는 내가 보였다. 비로소 조금씩 방 안의 모습이 눈에 들어왔다. 아무 일 없다는 듯 태평한 모습으로 자고 있는 식구들의 얼굴이 문득 화석처럼 보였다.

개인적 체험

단지 달의 얼굴을 툭 건드렸을 뿐인데
한쪽 귀가 떨어져 나간 달에서 와르르 모래가 쏟아
진다
해변을 뒤덮은 달의 파편들
눈에 보이던 사물들을 순식간에 묻어 버렸다
고요한 모래 위에 손가락으로 그림을 그린다
아무렇게나 퍼질러 앉아
오아시스를 그리고
야자수를 그리고
검은 두건을 쓴 베두인 전사를 그리고
어디에도 갈 곳 없는 나를 그리고
그리고 전생을 그리고
그리고 내생을 그리고
여러 번의 생이 지워졌다가
그려졌다가 지워진다
맨 마지막에 그린 그림이 지워지는 순간
나는 달의 귀퉁이에 걸터앉아
시퍼런 바다 위로 둥둥 떠가고 있었다

이모

용지 해변에 앉아 바람을 마시고 있습니다
갯벌을 가로질러 외갓집에 가던 일곱 살 어린 내가
보입니다

아가야 조금만 참아라
금방 와서 개옹을 건네줄게

나는 갯벌 속에 발목이 빠져 몸을 옹송그리고
동생은 이모의 무등을 타고 손을 흔듭니다
저쪽 바닷가에 외할머니의 하얀 치마가 보입니다
바닷바람을 머금고 통처럼 부풀어 오른 할머니가
보입니다

그해 여름
널배*를 타고 나간 이모는
밀물이 되어도 돌아오지 않았습니다

---

* 썰물 때 갯벌 위를 밀고 다니며 꼬막이나 낙지를 잡을 때 타는 널빤지.

이모의 옷을 입힌 상여가 서산을 넘어갑니다
노을이 꽃상여를 타고 갑니다

검은 실루엣의 바다가 널배를 타고 갑니다

울릉도

남자가
오징어 먹물을
한 움큼 쥐고
속이 훤히 비치는
여자의 치마 위에다
사랑해
하고 썼다

물속에서 막 건져 올린
초록이 뚝뚝
떨어지는
미역줄기를 들고
여자가
환하게 웃었다

흉년

어느 해였을까

오랫동안 비가 오지 않았다

극심한 흉년이었다

논바닥이 쩍쩍 갈라지고

논에 심은 벼가 바작바작 타들어 갔다

아버지는 벼 포기 사이에 누워 하늘만 쳐다보았다

얼굴이 논바닥 같았다

그날 아버지는 논에 불을 질렀다

하루 종일 검불들만 화적 떼처럼 떠돌아다녔다

유나에게 보내는 편지

시를 쓰는 게 어렵다고 했니?
걱정할 거 없어
눈을 감고 노량진 수산시장을 떠올려 봐
별을 쏘아 대는 경매인의 손을 봐
허리를 곧게 펴고 반짝이는 은갈치의 몸을 봐
작은 입을 앙다물고 가늘게 떠는 전어의 푸른 비늘을 봐
집게발을 들고 덤비는 꽃게의 투지를 봐
그걸 종이에 옮겨 봐
좋은 시를 쓰겠다고 자신을 너무 괴롭히진 마
그냥 지금 그대로의 생활 속에서 사람들을 그려 봐
마음속의 사물이 살아서 움직이게 해 봐
노점에서 과일을 팔며 동동걸음치는 애기엄마를 봐
그녀의 풋풋한 웃음을 봐
사과를 담는 마디 굵은 손가락을 봐
생선을 파는 허리 구부정한 노파를 봐
팔딱거리는 생선에 칼을 들이대는 서늘한 눈을 봐
네 시에 날개를 달아 줘

시는 삶이야

시는 그림이야

마음으로 그린 너의 날개야

시간 여행

외갓집 헛청에서 거미줄에 감긴 물레를 보았습니다
낡은 손잡이를 돌리자
바스라질 것 같은 나무 날개가 돌기 시작합니다
솜털 구름을 지고 사람들이 돌아옵니다
물레는 쉬지 않고 돌아갑니다
실꾸리의 배가 점점 불러옵니다
어느 별에서 날아온 비행선일까요?
비행선을 타고 먼 나라로 여행을 떠납니다

크레타 해변에서 아폴론을 만났습니다
파도에 반쯤 잠겨 리라를 뜯고 있습니다
리라의 선율이 신전 기둥 사이에서 울고 있습니다
실낱같은 현을 타고 달려온 파도가
신전 안을 엿보고 있습니다
나는 신전 안에 깔린 대리석 위에 앉아
낡은 물레를 돌려
시간을 잣고 있습니다
배가 붕긋해진 실꾸리가 신전 마당을 가득 채웁니다

조금씩 시간의 터널이 열리고 있습니다

또 다른 여행의 시작입니다

처형*

붉고 큰 입이 웃고 있었다

네 명의 사형수가 맨땅 위에 서 있었다
팬티만 걸치고
갈비뼈를 드러낸 채 웃고 있었다

나는 눈을 크게 뜨고
사형수의 얼굴을 쳐다보았다
붉은 벽돌담에서 머뭇거리던 태양이
어느새 사형수의 입속으로 들어가고 있었다

사수가 총을 겨누었을 때 갑자기
오줌이 마려웠다 사형수는
모두 배를 앞으로 내밀고 무릎을 구부렸다
달궈진 땅바닥이 소리를 내기 시작했다

---

* 중국 현대미술 대표 작가인 웨민쥔岳敏君의 1996년작 유화. 150×300cm, 소더비 경매에서 590만 달러에 낙찰됨.

비명 소리는 들리지 않았다
사수의 손에는 총이 없었다
고개를 오른쪽으로 돌린 채
멈춰지지 않는 웃음을 흘리고 있었다

입속에 든 붉고 큰 태양이 웃고 있었다

성묘

노랑 장미 한 다발
소주 한 병 태우고
한낮이 지나도록 고속도로에서 숨바꼭질하다가
터널에 갇혀 가쁜 숨을 몰아쉰다

하얀 도로변엔 샛강이 흔들리고
참새를 기다리는 허수아비가 대신 날아다닌다
기름진 오리 농장이 뒤뚱뒤뚱
배를 따는 농부의 동그란 웃음이 지나간다

어느새 길게 내려온 산 그림자 따라
끝없이 이어지는 푸념들
붉게 번지는 서녘 하늘엔
아버지의 밀짚모자가 떠다닌다

도로 한편 작은아이가 오줌을 눈다
오줌 줄기가 바퀴 사이로 스며든다

뜨거운 도로 위에
무덤처럼 서 있다

오르페우스

검은 통치마에 포플린 저고리가
빈 별자리에 앉아 하프를 탄다

별빛을 타고 내려온 하프 소리
담장 밑에 앉아 훌쩍거리는 내 어깨를
부드럽게 토닥여 준다

하프 소리 사이로 흐르는
어머니 한숨 소리가
밤하늘을 수놓고 있다

어머니

목화밭 고랑에서
무명적삼이 꼼지락거린다

빈속에 따먹은 다래가
배 속에서 목화로 피었나?

햇살 아래
입속에서 무명실이 풀려나온다

나는 무명실을 따라
땀내 나는 적삼이 되었다가
흙투성이 치마가 되었다가
마침내 솜털 구름이 되었다

치마를 탁탁 털며
저 멀리서 걸어오는 목화꽃

능소화

밤만 되면
강물을 타고 흐르는 꽃이 있다

청계천변
중국식당
고금비

창가에 걸린 수십 송이 붉은 꽃등

물속엔
소용돌이치는
눈먼 사랑이 있다

제4부

우문현답愚問賢答

지독한 홍역을 앓고
온몸에 붉은 꽃이 피어 비실비실 말라 가던 여름날

엄마는 아궁이에 옹달솥을 걸어 놓고
하루 종일 물레를 돌리신다
나는 그 속에서 끓고 있는 번데기를 기다린다
말개진 고치에 번데기의 몸이 비치면
입 안 가득 군침이 고인다
제비 새끼처럼 노란 입이 짝짝 벌어진다

엄마는 하얀 누에고치가 되어 끓는 물에 앉아 계신다
엄마의 몸에서 끊임없이 명주실이 풀려 나온다

—애야, 겨울엔 명주옷이 따뜻하단다
솜을 두어 누비옷을 만들자꾸나

청수사淸水寺* 가는 길

색색의 종이우산이 펼쳐진 그림 같은 가게를 지나간다
기모노 입은 여인이 노란 우산을 쓰고 한 바퀴 빙그르 돌며 웃는다
바스라질 것 같은 흰 머리털을 말아 올리고
귓불엔 진주 귀걸이가 반짝인다
그녀의 목 뒤로 흘러내린 머리칼 몇 오라기
햇살이 곱게 곱게 빗질해 주고 있다

가지런하게 빗질된 햇살 아래
사붓사붓 벚꽃이 핀다

종이우산이 흔들린다
햇살이 우산을 타고 흔들린다
색색의 그늘 안으로
기모노 여인의 긴 머리카락이 떨어진다
한 줄기 햇살을 타고 봄날이 온다

---

* 일본 교토에 있는 절 이름.

봄밤

누가 감아 놓았을까
항아리 목에 새끼줄이 감겨져 있다

매화 꽃잎이 달빛에 타는 봄밤

토드락토드락
고무신 끄는 소리
사그락사그락
비단치마 스치는 소리

밤새워 누가 긴 이야기를 하는가

항아리 위에 숭얼숭얼
달빛이 쌓여 간다

지금은 안 계신 어머니가 아침마다 전화를 하신다

“정우 에미냐? 내다.”

아침 여섯 시만 되면 어김없이 울리는 전화벨 소리. 처음 한두 번은 잘못 걸렸다고 말씀드리고 끊었는데 나중에는 성가시기도 하고 짜증도 나서 목소리를 높였더니 전화 속 할머니는 금방이라도 울음이 터질 것 같은 목소리로

“내 딸 목소리랑 똑같은데, 미안합니더”

하며 힘없이 전화를 끊었다. 왠지 마음이 짠해서 밤새 돌아가신 어머니 생각에 잠을 설치다 새벽에 얼핏 잠이 들었는데 또 전화벨이 울린다.

“정우 에미냐? 내다.”

잠시 망설이던 나는 이번에는 할머니의 딸이 되어 천연덕스럽게 전화를 받기로 마음을 먹는다.

“네, 어머니 밤새 잘 주무셨어요? 어디 아픈 데는 없으시구요?”

“아침에 일어나니 옆에 아무도 없구나.”

날마다 혼자만 집에 두고 마실 나간다는 며느리 흉도 들어드리고, 퇴근하고 들어와 말 한마디 안 건넨다는 아들의 무심함도 함께 탓하고, 된장이 맛있게 익었으니 와서 가져가라는 묵을수록 맛있는 정情도 받는다.

"네, 어머니. 곧 찾아뵐게요."

하며 살갑게 전화를 끊는다. 오늘 아침엔 전화선을 타고 날아온 어머니 된장국 냄새가 온 집 안을 가득 채우리라.

봉인된 안경

영광교회 첨탑 아래 기대앉아
어머니는 성경책을 읽고 있네
검은 콧등 위에 돋보기가 걸쳐져 있네
검은 햇살들은 글자에 걸려 자꾸 넘어지고
글자를 따라가던 어머니가 뒤를 돌아보네
어머니 영혼 같은 검은 표지 성경책
어머니 유품 상자 같은 검은 표지 성경책

돋보기안경 한 개
검은 표지 성경책 한 권
몽당연필 한 자루
닷 돈짜리 쌍가락지

손을 뻗어 붉은 눈을 가리고
천천히 봉인을 풀기 시작했네
돋보기안경을 잃어버린 채
첨탑 위 피뢰침에 기대 선 어머니
성경책이 날아가고 있었네
하늘 위로 높이높이 날아가고 있었네

발꿈치에 흰 구름이 생겼어요

내 발등에는 딱따구리 한 마리 살고 있다

날이 밝으면 슬그머니 모습을 감췄다가
밤이면 검은 부리로 발목을 쪼아 대는
못생긴 딱따구리 한 마리 살고 있다

깁스엔 물이 금물이라는 의사의 말을 어기고
샤워를 한 것은 잘한 일이었다
깁스 속에서 밤새 물을 마신 새는
내 발바닥을 야물야물 파먹기 시작했다

깁스를 자르는 톱이 다리 위에서 미끄러진다
발꿈치에 생겨난 하얀 구름
어젯밤 새가 먹은 것이 구름이었나?

발바닥으로 생각을 불러 모은다
통증이 시를 만든다
딱따구리가 시를 쓴다

아틀리에

내 일기장 속엔
오른쪽 귀가 떨어져 나간 고흐가 산다
손을 뻗어 왼쪽 귀를 만져 본다
아직 따뜻하다

한쪽 귀만 있는 남자가
하얀 캔버스에 붓질을 한다
한 손에 팔레트를 들고
제 얼굴을 그리더니
북북 긋고
다시 물감을 덧바른다
그는 단지
캔버스에 엉긴 물감일 뿐이다

그림 속에는 그가 없다
어둡고 깊은 구멍만 있을 뿐이다
그가 빠져나온 구멍 속에 손을 넣어 본다
만져지지 않는 차가운 귀

뻥 뚫려
오래된 우물 같다

12월 32일

— 다운증후군 아이 유나를 위하여

새의 날개는
어디든 갈 수 있는 푸른 여권

엄마를 기다리다 시간이 멈췄다
작은 머릿속에선 쉴 새 없이 새가 울었다

날마다 창밖을 내다보며 날개를 소망한다

새를 꺼낼 수만 있다면
옛집의 푸른 대문 위에 앉아
병든 엄마를 위해 노래 부를 수 있을 텐데

손바닥 위에 푸른 여권을 올려놓고
지나가는 바람을 부른다

바람은 가다가 자꾸 멈췄으므로
이카로스의 날개를 질투하기도 했다

오늘은
너의 작은 머릿속에서 새를 꺼내
푸른 하늘로 날려 보낸다

기억 속으로의 이장

당신의 곤한 잠을 깨운다

무덤 속 황토는 신들린 듯 웃어 대고
뿌리 뽑힌 잔디는 풀이 죽어 운다

한지 위에서 가늘게 떨고 있는 긴 손가락
오랜 세월 함께한 어둠이 묻어 있다

허공에 절 올리는
잘 마른 나뭇잎 한 장

기억 속으로 옮겨 온 어머니와 술잔을 나눈다

산다는 것은 이렇게 마주 앉아
술 한잔 나누는 거라며

어느새 납골묘 무거운 돌문을 두드리고 있다

동백나무의 기억

물동이를
이고
오는
아낙네의
두 볼에
붉은
꽃물이
들었다

우상숭배

황금 돼지해에 태어난 여자가 있었다

—돈만 있으면 돼
돈이 최고야

수십 년을 돈만 보고 달리다 보니
모든 것이 돈으로 보였다
남편이 돈이었다
자식이 돈이었다
세상 모든 돈이 여자만 보면 설설 기었다

돈으로 도배를 하고
돈다발을 깔고 앉던 여자가
퉁퉁 부은 얼굴로 나를 쳐다본다
파리한 이마에 덕지덕지 돈을 붙이고
이제는 움직이지 못하는 두 발을 내려다본다
돈으로 쌓아 올린 젖무덤도
바짝 말라 절벽 같다

지전을 깔고 누워 뻐끔뻐끔 붉은 피를 토한다
피도 닦을 수 없는 빳빳한 종이가
여자를 외면한다

눈만 감으면 다른 세상이 보이는 여자가
돈다발에 깔려 죽어 가고 있다

검은 목소리

한 여자가 사라진 뒤

지독한 꽃멀미에 시달린 여자들이
사방에서 비명을 질렀다

흩어진 꽃잎 위로
검은 승용차가 질주했다

하이힐 한 짝만
아스팔트에서 울고 있었다

여름을 향해 가던 나무들이
서로 어깨를 부딪치며
울부짖었다

검은 가면 뒤에 숨은
검은 목소리

하얀 꽃들이

보도 위로 떨어져 내렸다

메아리

물오리를 기다린다

점심나절 잠깐 자리를 비운 사이
소리개 다녀갔나

물 위에 깃털만 파닥파닥
날개를 치고 있다

이제 그만 돌아오라고,

강물 위에 대고
크게 소리쳐 본다

레퀴엠

카페 베네치아에 앉아 모차르트를 듣는다
연못 가득 선율이 고인다
구름 몰려들어 후드득 빗방울 토해 낸다

비를 피해 달리는
모차르트의 가벼운 발자국이
빗소리에 젖는다
영원히 멈출 것 같지 않은 기침 소리가
선율 속으로 파고든다

연못 속에 담겨진 흙탕물 위로
오래된 음표들이 흘러나온다
고인 물이 마지막 악장을 빨아들인다

물구나무 선 나무들이
속수무책
비를 맞는다

폭설

예보도 없이 폭설이 쏟아지던
그날,
눈에 보이는 모든 것은 눈사람이 되었다
텅 빈 기차역을 서성거리며
세상에서 가장 쓸쓸한 얼굴로 서서
시집을 읽는다
눈을 가득 담고 달려온 추억들이
레일 위로 미끄러진다
저쪽 세상에 한 발을 딛고
이쪽 세상을 뒤돌아보는 사람처럼
오래도록 한곳을 바라보며
당신을 기다리고 있다
함께 걸었던 전나무 숲길은
이제 눈 속에 묻혀 찾을 수도 없는데
당신은 지금 어디쯤 오고 있는지
아직 아무런 기척도 없고
거친
눈발만 휘몰아친다

콘트라베이스

오케스트라가 시작되면 그녀의 허리를 그러안고 목에서 내려오는 곡선을 따라 부드럽게 어루만집니다 내 손길이 부드러울수록 더 리드미컬한 소리를 냅니다 그녀와 하나가 되어 달뜬 가슴을 활대로 긁어 줍니다 가끔은 피치카토 주법으로 가볍게 입술을 튕겨 주기도 합니다 몸을 가늘게 떨며 땅바닥으로 깔리는 낮은 저음 입술에 갇힌 소리들이 신음神音처럼 흘러나옵니다 온몸이 팽팽하게 긴장합니다 멀리 떨어질수록 더 애간장을 끓이는 베이스음 현을 누를 때마다 손가락 각질이 타들어 가는지도 모르고 그녀는 자꾸만 내 품속으로 파고듭니다

그림엽서

숙부는 샤갈의 마을에 내리는 눈처럼 자전거를 타고 있었다
산굽이를 돌고 도는 빙판 길이었다

술 취한 트럭이 숙부의 자전거를 날려 보냈다
멈춘 바퀴살 사이로 끊임없이 눈이 쏟아지고 있었다
주인 없는 신발만 허공을 걷고 있었다
자전거 위에서 부르던 숙부의 노랫소리가
눈송이에 엉겨 점점 작아졌다
눈이불이 조금씩 두꺼워지고 있었다
마지막 남은 곱슬머리가 묻히고 있었다
도로 한가운데 눈무덤이 새로 생겼다
부의 봉투에 눈만 가득 담겨 있었다

샤갈의 마을엔 평생 눈이 그치지 않았다

비극적 체험에 대한 트라우마와 인간의 정체성

박 호 영

(시인 · 문학평론가)

1. 시 창작에 대한 저력

최혜숙은 우연히 인사동에서 만난 시인이다. 내가 전에 지방 대학에 근무할 때 알게 된 거의 기인에 가까운 시인이자 화가가 있는데, 그가 서울에 올라왔다고 나를 한번 보자고 하기에 나갔다가 그녀를 소개 받았다. 그러나 사람의 인연이란 것이 묘하여 한 번의 만남뿐인데 그녀가 시집 낼 출판사를 물색하기에 알선해 주고, 그 책임(?)으로 이렇게 시 해설까지 부탁 받게 되었다. 남의 시집 해설하는 노릇을 그만하자 그만하자 하면서 또 이 모양으로 코가 꿰었으니 나의 우유부단함을 탓할 도리밖에 없다. 그렇다고 최 시인의 시가 해설해 줄 가치가 없다는 것은 아니다. 오히려 정반대로 그녀의 시는 2007년 등단한 시인이라고 볼 수 없을 만큼 내공이 쌓여 있음을 느낀다. 그녀는 한마디로 시의 진수를 아는 시인이다. 그 근거를 몇 가지 들자면 첫째로는 그녀의 시에 무리하거나 난삽한 표현이 없다는 것이다. 시인의 길에 들어선 지 얼마 안 되는 시인일수록 표현의 미숙성이 눈에 띄게 마련인데, 그녀의 시적 언술은 억지가 없고 평이하면서 자연스럽다. 이것은 비록 그녀가 등단의 절차를 밟은 것은 몇 년 되지 않았지만, 오래전부터 시 쓰는 일에 각고 노력해 왔음을 말해 주는 것이다. 둘째, 시의 제재로 선택된 예술 작품을 통해 파악하게 되는 그녀의 심안과 해박한 지식이다. 해박한 지식이 시의 우수성을 담보하는 것은 아니지만 여러 분야에 걸쳐 많은 예술가와 예술 작품을 이해하고 있다는 것은 사유의 폭이 넓음을 말해 주는 것이다. 마지막으로 대상의 자유분방한 해체를 통해 감지할 수 있는 뛰어난 상상력이다. 그의 시를 보면 보현보살이 떠다니기도 하고, 나무들이 물구나무를 서기도 하고, 흙탕물 위로 음표들이 흘러나오기도 한다. 어찌 보면 당황스러운 이런 상황 설정이 '낯설게 하기' 의 효과를 보이며 독자들로 하여금 풍부한 연상에 놓이게 한다. 이런 요소들은 시작에 대한 그녀의 만만치 않은 저력을 말해 주는 것이라고 생각한다.

2. 비극적인 가정사에 대한 트라우마

유년 시절의 일들은 오래도록 기억에 남는다. 특히 마음에 상처를 준 사건들은 트라우마가 되어 성인이 되어서도 우리의 의식을 지배한다. 최혜숙의 시에서 우선 추출되는 요소가 이 트라우마인데, 이것은 전혀 가정적이지 못했던 아버지의 행패와 그로 인한 엄마의 수난, 그리고 가정의 궁핍으로 수렴된다.

아버지 얼굴에 술꽃이 피면 쥐코밥상은 마당을 날아다닌다

마당 가운데 처박힌 밥상은 모로 서서 울고
젊은 엄마는 모로 앉아서 운다

땅바닥에 쏟아진 하얀 쌀밥을 주워 담으며
흰 달빛처럼 엄마가 운다

밤꽃이 웬수야
밤나무를 없애 버려야지

엄마는 도끼를 들고 몇 번이나 밤나무 밑동을 찍었지만
늙은 밤나무엔 해마다 왕밤이 열렸다

밤꽃 사이로 둥글게 떠 있는 쌀밥 한 덩이
괜스레 헛배만 불렀다

—「밤꽃」 전문

이 시의 첫머리에서부터 우리는 시인의 집안 형편을 짐작할 수 있다. 아버지는 술주정 행패를 부리는 자요, 집안은 쥐코밥상밖에 차리지 못할 만큼 가난하다. 쥐코밥상이란 밥 한 그릇과 반찬 두어 가지로 간단히 차린 밥상을 말하는데, 엄마는 아버지에게 그런 밥상을 차려 줄 수밖에 없고, 아버지는 그 밥상을 못마땅히 여겨 집어 내던진 것이다. 밥상은 뒤집혀 마당 가운데 모로 선다. 밥이며 반찬은 모두 쏟아졌다. 여기서 흥미로운 것은 내던져진 밥상을 두고 '밥상이 모로 서서 운다' 고 표현한 것이다. 밥상의 울음이란 무엇을 의미하는가? 그것은 존재의 가치를 인정받지 못한, 버림받은 대상의 슬픔이다. 비록 쥐코밥상일망정 감사하게 상을 받아먹었으면 밥상으로서 인정을 받았기에 만족스러웠을 터인데 버려진 것이다. 밥상의 입장에서 볼 때 슬플 수밖에 없다. 밥상의 울음은 엄마의 울음과 합쳐져 집안의 비극성을 배가시킨다.

이 시에서 또 지적할 부분은 엄마를 그냥 '엄마' 라고 서술하지 않고 '젊은 엄마' 라고 서술한 것이다. 이는 엄마와 아버지의 나이 차이가 많음을 암시한다. 아마도 엄마는 피치 못할 사정으로 나이 차이가 많이 나는 아버지에게 시집을 와서 고생을 한 것이리라. 그러나 아무리 구박을 받아도 엄마는 아버지에게 대항하지 못한다. 그만큼 아버지의 위세가 절대적이다. 엄마가 "모로 앉아서 운다"는 데서 우리는 그 사실을 파악할 수 있다. 결국 엄마는 땅바닥에 쏟아진 흰 쌀밥을 주워 담는다. 그 쌀밥이 어떤 쌀밥인가? 아마도 아버지에게만 힘들게 내놓을 수 있었던 쌀밥일 것이다. 엄마는 아버지의 이러한 가정 폭력이 밤꽃 때문일 것이라고 생각한다. 밤꽃은 정액의 냄새를 풍기는 대상이요, 그러기에 욕정의 상징이다. 이것은 아버지의 외도와 밀접히 관련이 된다. 그래서 엄마는 밤나무를 없애고자 한다. 밤나무가 없다면 밤꽃은 피지 않을 것이요, 남편의 외도도 끝날 것이기 때문이다. 그러나 밤나무가 없어지기는커녕 늙은 밤나무엔 해마다 왕밤이 열린다. 아마 밤꽃 역시 흐드러지게 피었을 것이다. 그것은 결국 무슨 의미인가? 아버지의 외도는 단절되지 않았고, 그로 인한 엄마의 불행은 계속되었다는 것이다.

시인은 마지막에 흰 달빛과 흰 쌀밥의 동일화를 꾀한다. 하여 밤꽃 사이로 둥글게 떠 있는 흰 달빛을 흰 쌀밥 한 덩이라고 표현한다. 왜 그렇게 인식한 것일까? 그것은 그만큼 배고픔이 절실함을 말하는 것이다. 그러나 흰 달빛이 쌀밥과 같이 여겨질지 모르나 실제로 배고픔을 채워 주지 못하기에 "헛배만 불렀다"고 표현했다. 흰 밤꽃 사이로 보이는 흰 달빛과 흰 쌀밥의 아날로지는 이 시에서 특히 돋보이는 시인의 의장이다. 아버지의 타락으로 인한 집안의 비극은 「이사」란 시에서 더욱 구체적으로 드러난다.

> 노름빚에 집도 비워 주고 애지중지하던 자개장롱도 헐값에 팔아 치운 어머니는 마냥 빈 하늘만 보고 있었는데, 푹 눌러쓴 중절모 아래 검은 얼굴, 수염이 덥수룩한 사내가 살금살금 다가와 트럭 짐칸에 몰래 숨어든 것도 그만 까맣게 모르고 있었는데, 주섬주섬 길바닥을 깔고 앉아 있던 아이들을 태우고 트럭은 거침없이 달려갔는데, 늙은 해

> 바라기 사이로 보이던 집은 점점 작아지다가 아주 사라졌는데, 흰 셔츠에 칼날처럼 주름 세운 바지를 입고 거들먹거리던 사내는 초라한 이삿짐이 되어 짐칸 한 귀퉁이에 구겨져 있었는데,
>
> —「이사」 전문

아버지의 노름빚으로 인해 살던 집도 내 주고, 아끼던 자개장롱도 헐값에 팔아 치우고, 어머니는 어디론가 이사를 가야 한다. 현실이 너무나 기막혀 어머니는 마냥 빈 하늘만 보고 있다. 아버지란 자는 그래도 자기가 저지른 잘못은 아는지 중절모를 푹 눌러쓰고 아내에게 들키지 않으려고 짐칸에 몰래 탄다. 얼굴이 검고 수염이 덥수룩한 것으로 보아 잘 씻지도 못한, 폐인과도 같은 생활을 한 것 같다. 그러나 어머니는 빈 하늘만 쳐다보고 있기에 아버지란 존재가 트럭에 탄 것을 모르고 있다. 트럭은 아이들을 주섬주섬 태우고 거침없이 달린다. '길바닥에 앉아 있던' 이란 표현은 앞으로 아이들이 그렇게 될지도 모르는 집안 형편의 어두운 미래를 암시한다. 집이 점점 작아지다가 사라졌다고 한 것은 물론 거리상으로 멀어져 그렇게 되었을 것이지만 한편으로 지금까지 살던 집이 이제는 남의 집이 되어 버렸음을 말해 주는 것이기도 하다. 아버지란 존재는 짐칸 한 귀퉁이에 비참하게 쭈그리고 있다. 예전에는 어떠한 존재였는가? 흰 셔츠에 바지는 칼날처럼 주름을 세워 입었었다. 그리고 잘난 듯이 거들먹거린 것이 그이다. 멋을 부리고 노름에 빠진 천생 건달이 아버지다. 가정을 돌보지 않고 유흥에 빠졌기에 집안이 파탄이 나고 만 것이다.

집도 없이 어디론가 이사를 가야 할 처지가 된 어머니, 제대로 씻지도 못한 채 짐칸에 몰래 쭈그리고 앉아 있는 아버지, 먹여 살려야 할 여러 아이들, 이들만 생각하여도 집안의 앞날은 암담하기만 하다. 그러나 시인은 그에 대한 감정 표현을 유보하고 있다. '~는데' 라는 연결형 어미로만 반복하다가 끝냄으로써 감정의 거리를 유지하고 있다. 그로 인해 시의 품위를 지키는 것이다. 시인의 트라우마는 궁핍한 가정사만이 아니라 다음처럼 죽음을 통해서도 나타난다.

> 용지 해변에 앉아 바람을 마시고 있습니다
> 갯벌을 가로질러 외갓집에 가던 일곱 살 어린 내가 보입니다
>
> 아가야 조금만 참아라
> 금방 와서 개옹을 건네줄게
>
> 나는 갯벌 속에 발목이 빠져 몸을 옹송그리고
> 동생은 이모의 무동을 타고 손을 흔듭니다
> 저쪽 바닷가에 외할머니의 하얀 치마가 보입니다
> 바닷바람을 머금고 통처럼 부풀어 오른 할머니가 보입니다
>
> 그해 여름
> 널배를 타고 나간 이모는
> 밀물이 되어도 돌아오지 않았습니다
>
> 이모의 옷을 입힌 상여가 서산을 넘어갑니다
> 노을이 꽃상여를 타고 갑니다

검은 실루엣의 바다가 널배를 타고 갑니다

—「이모」 전문

이 시는 이모의 죽음을 제재로 하고 있다. 시인은 지금 용지 해변에 앉아 일곱 살 때의 과거를 떠올린다. 이모는 내가 일곱 살 때 죽었다. 나와 동생을 외갓집에 데려다 주던 이모. 외갓집은 개옹을 건너 있기에 동생은 이모의 무동을 타고, 나는 갯벌 속에서 다시 이모가 오기를 기다리며 외할머니가 계신 외갓집을 갔었다. 그러나 그렇게 우리에게 잘해 주던 이모는 낙지를 잡기 위해 널배를 타고 나갔다가 바다에서 목숨을 잃었다. 아마도 생계를 위해 한 마리라도 낙지를 더 잡으려고 하다가 갯벌에서 빠져나오는 시간을 놓쳤을 것이다. 이모의 주검은 상여에 실려 서산을 넘어갔다. 그러나 서산을 넘어가는 것은 이모의 주검만이 아니다. 노을도 꽃상여를 타고 가고, 검은 실루엣의 바다도 널배를 타고 간다. 이모의 죽음에 아름다운 대상들이 모두 동참한다. 우리는 여기서 이모의 죽음을 미화하고자 하는 시인의 눈물겨운 배려를 짐작할 수 있다. 이 시가 돋보이는 이유는 극도의 감정 절제 속에 이모의 죽음을 다루고 있기 때문이다. 시인은 이모의 죽음만이 아니라 숙부의 죽음도 아름다운 서경 속에 펼쳐 놓아 자전거를 타고 가다 교통사고가 난 숙부를 두고 "숙부는 샤갈의 마을에 내리는 눈처럼 자전거를 타고 있었다" "샤갈의 마을엔 평생 눈이 그치지 않았다"(「그림엽서」)고 하여 숙부의 주검을 눈의 마을 속에 안치하려고 하기도 한다. 시인의 트라우마는 가난을 아름답게 승화시킨 「묵화」나, 어머니의 죽음을 비극적으로 채색하고 있는 「그해 여름」에서도 찾아볼 수 있다.

3. 결핍된 인물들에 대한 연민

시인은 주위의 불쌍한 사람들에게도 꾸준히 시선을 건네고 있다. 그들은 결핍된 인물들로서 다운증후군을 앓는 아이, 장애가 있는 자식을 둔 친구, 쓰촨 성에서 서툰 한국말로 구걸하는 아이, 샴으로 고통 받는 존재 등이다. 사실 우리 주변에는 같은 인간으로 태어나 인간 대접을 받지 못하는 이들이 너무나 많다. 그러나 살기가 점점 어려워지고 각박해지다 보니 응당 보살펴야 할 그들을 우리는 외면하기 일쑤이다. 시인이 이런 이들에게 시선을 두는 것은 그녀의 휴머니즘적 인성을 보여 주는 것이라고 할 수 있다.

새의 날개는
어디든 갈 수 있는 푸른 여권

엄마를 기다리다 시간이 멈췄다
작은 머릿속에선 쉴 새 없이 새가 울었다

날마다 창밖을 내다보며 날개를 소망한다

새를 꺼낼 수만 있다면

옛집의 푸른 대문 위에 앉아
병든 엄마를 위해 노래 부를 수 있을 텐데

손바닥 위에 푸른 여권을 올려놓고
지나가는 바람을 부른다

바람은 가다가 자꾸 멈췄으므로
이카로스의 날개를 질투하기도 했다

오늘은
너의 작은 머릿속에서 새를 꺼내
푸른 하늘로 날려 보낸다

—「12월 32일」 전문

이 시의 부제가 "다운증후군 아이 유나를 위하여"라고 되어 있는 것으로 보아 그녀가 주위에서 본 유나라는 아이가 주인공이다. 어쩌면 텔레비전에 나왔던 어떤 유명 인사의 딸 유나를 모델로 한 것인지도 모르겠다. 유나의 가장 큰 문제점은 다운증후군 증상이 그렇듯이 보통 사람처럼 행동이 자유롭지 못하다는 것이다. 그러므로 바깥출입도 제대로 하지 못한다. 그런 아이의 꿈은 무엇일까? 자유롭게 어디든 다니는 것이다. 시인의 상상력은 거기까지 이르러 그의 머릿속에 새가 갇혀 있다고 상상한다. 새를 꺼내 주기만 한다면 날갯짓을 하여 어디든지 갈 수 있는 것이다. 그가 가장 가고 싶은 곳은 어디인가? 그가 그렇게 기다린, 엄마가 계신 곳이다. 새처럼 날 수만 있다면 그는 엄마를 찾아가서 병든 엄마를 위해 노래를 부를 수 있으리라. 그러나 새의 날개를 유나가 갖는다는 것은 현실에서는 불가능하다. 그래서 현실에서는 존재하지 않는 12월 32일을 설정해 그날이라도 새의 날개를 갖기를 시인은 꿈꾼다. 이 시에서 눈에 띄는 참신한 발상은 새의 날개를 푸른 여권에 비유한 것이다. 여권이란 비행기를 탈 수 있는 보증서요, 그것은 곧 푸른 하늘을 날 수 있는 날개나 다름이 없다. 결핍된 인물에 대한 연민은 중국 쓰촨 성에서 구걸하는 아이를 읊은 시에서도 발견할 수 있다.

쓰촨 성의 저녁

작은 아이가
길가에 쭈그리고 앉아
꽃빵을 먹는다

어느새
다리를 끌며 다가와 불쑥 손을 내민다
새카만 손바닥이
사람들 사이를 누빈다

좁은 틈새를 뚫고 날아와
내 귀에 박히는 서툰 한국말

처넌!
처넌!

—「그 아이가 사는 법」 전문

쓰촨 성에서 만난 구걸하는 아이. '다리를 끌며 다가온다'는 것으로 보아 다리도 성치 않다. 제대로 씻지도 않아 손바닥도 새카맣다. 사람들 사이를 누비며 돈을 달라고 동냥을 하며 그 손을 내민다. 한국 관광객이 많아 구걸의 요령을 습득한 터이라 '천 원' 이란 말도 배웠다. 이것이 바로 "그 아이가 사는 법" 이다. 그러나 발음이 역시 서투른지라 "처넌" 이라고 외친다. 이 아이를 만난 시인의 심경은 착잡하다. 비록 중국이라는 타지에서 만난 작은 아이지만 그 애가 겪는 저 가난은 우리 모두가 살펴 줘야 하는 가난일지 모른다. "처넌" 이라는 서툰 한국말이 시인의 귀에 날아와 박힘은 외국의 작은 아이라고 해서 외면할 수 없었던 애틋한 인정의 결과이다. 그리고 이런 상황의 제시는 누구라도 외면하지 말고 따뜻한 손길을 그 아이와 같은 존재에게 주자는 권고나 제안을 내포한다. 그러나 시인은 그런 태도를 겉으로 드러내지 않는다. 다만 자신이 목격한 상황을 가감 없이 서술함으로써 독자들에게 그 진실을 헤아리도록 할 뿐이다. 이 시가 간단히 읽힐 수 없는 이유다. 슬픔과 아픔 속에 사는 친구에 대한 배려를 보이고 있는 「가을이 서먹한 이유」도 같은 부류에 속하는 시이다.

오랜만에 친구들이 서대전역에 모였습니다 목포 사는 선희가 가져온 무화과 한 개씩 집어 들고 껍질을 벗겨 내며 속살속살 이야기꽃을 피웁니다 모두 붉은 목젖을 드러내며 웃습니다 무화과 바구니가 비어 가고 해가 찻잔 언저리에서 흘러내립니다

"우리집 둘째는 장애가 있어"

> 선희의 눈빛에 물기가 묻어 나옵니다 문득 모두의 시선이 집중되고 흩어졌던 마음들이 모여듭니다 여러 개의 선이 모여들어 한 개의 꼭짓점을 이루는 것처럼 기어코 눈물을 보이는 선희의 손 위로 포개지는 손들이 따뜻합니다 여러 해 동안 서로 다른 곳을 바라보던 마음들이 하나가 되는 순간입니다 붉은 단풍이 마음을 물들이는 아름다운 가을 오후입니다
>
> —「가을이 서먹한 이유」 전문

오랜만에 허물없는 친구들과 만나면 대화의 꽃을 피우기 마련이다. 여기 서대전역에서 만난 친구들도 붉은 목젖이 드러날 정도로 마음껏 웃으며 그동안 가정주부로서 쌓인 스트레스를 풀고 회포를 나눈다. 한참 동안 그들은 어울려 격의 없는 대화를 나눴다. 이제 만난 지 꽤 시간이 많이 흘렀다. 시인은 그 시간의 경과를 "해가 찻잔 언저리에서 흘러내립니다"라고 표현한다. 최 시인만의 뛰어난 표현이다. 그때 문득 선희가 "우리집 둘째는 장애가 있어"라고 말한다. 기쁨으로 함께 뭉쳤던 마음이 놀라움과 함께 친구의 아픔에 합석하는 쪽으로 몰린다. 친한 친구라고 하면서 살기에 바빠 친구의 아이가 장애가 있는지 어떤지도 모르고 살았다. 그러나 선희의 아픔 안 이상 여러 개의 선이 모여 들어 꼭짓점을 만들 듯이 친구들은 걱정하고 위로하는 마음을 모은다. 눈물겨운 마음씨요, 아름다운 배려다. 장애 아이를 둔 상황에서도 오랜만에 만날 친구들과 나눠 먹기 위해 무화과 바구니를 준비한 선희의 마음씨도 따뜻하다. 이 시가 시인이 친한 친구들을 만나

겪은 체험의 서술로 끝나지 않음은 이렇게 살아야 한다는 교훈을 은연중에 독자들에게 전달하기 때문이다. 우리가 그렇게 살 때 우리는 비로소 "붉은 단풍이 마음을 물들이는 아름다운 가을 오후"를 맞이할 수 있다고 시인은 강조한다.

4. 예술 작품을 통해 보는 인간의 정체성

최 시인의 시에서 세 번째 특징으로 거론할 수 있는 것은 예술 작품들이 제재로 등장한다는 것이다. 예술 작품이란 어느 분야이든 작가가 제시하는 주제가 있기 마련인데, 시인은 이를 잘 포착하여 자신의 메시지로 치환하고 있다.

한 남자가 머리를 심고 있네
풀 한 포기 자라지 않는 황무지에 날마다 머리를 심고 있네
날이 갈수록 머리가 자라네
조금씩 숲이 보이기 시작하네
아무도 알지 못하네
누가 머리를 심었는지
누가 숲을 만들었는지
무성한 떡갈나무 숲이 만들어지고
긴 가르마 사이로 물이 흐르기 시작하네
사람들이 떠났던 황무지에
아이들 웃음소리가 돌아오고 있네
푸른 골짜기가 생겨나고

떡갈나무 가지에 머리가 열리네
메마른 황무지에 꽃이 피기 시작하네

—「기적」 전문

"나무를 심은 사람"이라는 부제가 달린 이 시는 그 부제 자체가 시인이 각주로 밝히고 있듯이 프랑스 소설가 장 지오노의 소설 제목이기도 하다. 지오노는 이 소설에서 인간의 이기심과 탐욕, 자연 파괴와 전쟁이라는 인간의 어두운 측면을 드러내면서 그러한 상황에서도 묵묵히 희망을 실천하는 주인공 부피에의 모습을 대조적으로 그려내 감동을 자아낸다. 아내와 아이를 잃은 상황에서도 나무 하나하나를 황무지에 꾸준히 심는 부피에는 분명 보통 사람들이 보기에는 제정신이 아닌 사람일지 모른다. 그의 행동에 대해 희망적 결과를 기대하기란 불가능한 상태이다. 그러나 부피에는 그 같은 행동을 지속하여 황무지를 무성한 떡갈나무 숲으로 바꾸어 놓는다. 사람들도 환경이 바뀌면서 다시 돌아오고, 아이들의 웃음소리도 들린다. 이렇듯 인간이 자연을 배반하지 않고 돌보면 자연은 반드시 인간에게 은혜를 베푼다. 그러므로 인간은 자연과 함께 살아가야 하며 자연을 존중해야 한다. 이것이 지오노의 철학관이자 인생관이다. 시인은 이 작품의 내용을 '기적'이라 칭하면서, 아무런 개인적 언급 없이 상황 제시만을 해 놓는다. 무성한 떡갈나무 숲이 만들어지고, 물이 흐르기 시작하고, 웃음소리가 돌아오고, 꽃이 피기 시작한다는 식으로. 거기서 어떤 감동과 교훈을 얻을지는 철저히 독자의 몫이다. 그러나 그러한 기법이 오히려 시적 형상화에 기여하고 있다. 시인은 다음처럼 예술 작품으로 영화를 다루기도 한다.

> 살이 온몸을 먹어 치우고
> 뇌마저 먹어 치우자
> 여자는 죽었다
>
> 살덩이에 눌려
> 순식간에 한 생을 놓쳐 버린
> 비만 여자
>
> 관에 담기에도
> 너무 무거운 여자
>
> 이층 목조 주택 한 채가
> 통째로 불타고 있다

—「연민」 전문

"주택 한 채가 통째로 불타고 있다"는 이 시의 마지막 부분은 영화 〈길버트 그레이프〉에 나오는 장면이다. 고도의 비만으로 움직임조차 제대로 하지 못한 어머니가 죽자 청년 길버트는 어머니의 무거운 몸이 마지막까지 사람들의 놀림감이 되는 것은 볼 수 없다며 어머니의 시신과 함께 집을 태운다. 사실 그에게 집과 그곳에 살고 있는 가족이란 그를 어찌할 수 없게 만든 족쇄였다. 아버지의 자살로 충격을 받아 거구의 몸이 된 어머니, 집을 나가 소식을 알 길 없는 형, 모든 것을 보살펴 줘야 하는 저능아 동생, 어느 누구 하나 길버트에게 도움을 주는 가족은 없다. 그러나 어머니의 죽음으로 길버트는 가족의 소중함을 깨닫는다. 그리고 어떠한 절망적 상황에서도 좌절하지 않고 가족을 따뜻이 돌보는 길버트의 인간애에 끌려 사랑하는 여인도 생긴다. 시인은 이러한 전체적인 줄거리 중에서 '무거운 어머니의 죽음'과 '불타는 집'만을 시의 내용으로 하고, "관에 담기에도/ 너무 무거운 여자" "목조주택 한 채가/ 통째로 불타고 있다"는 식으로 장면 제시만을 한다. 역시 앞의 작품과 마찬가지로 어떤 감동을 받느냐는 독자에게 맡기는 것이다. 다음은 그림을 소재로 하고 있는 시이다.

> 붉고 큰 입이 웃고 있었다
>
> 네 명의 사형수가 맨땅 위에 서 있었다
> 팬티만 걸치고
> 갈비뼈를 드러낸 채 웃고 있었다
>
> 나는 눈을 크게 뜨고
> 사형수의 얼굴을 쳐다보았다
> 붉은 벽돌담에서 머뭇거리던 태양이
> 어느새 사형수의 입속으로 들어가고 있었다
>
> 사수가 총을 겨누었을 때 갑자기
> 오줌이 마려웠다 사형수는
> 모두 배를 앞으로 내밀고 무릎을 구부렸다

달궈진 땅바닥이 소리를 내기 시작했다

비명 소리는 들리지 않았다
사수의 손에는 총이 없었다
고개를 오른쪽으로 돌린 채
멈춰지지 않는 웃음을 흘리고 있었다

입속에 든 붉고 큰 태양이 웃고 있었다

—「처형」 전문

이 시의 제목이기도 한 '처형' 은 시인의 각주에서도 설명하고 있듯이 웨민쥔의 1996년작 유화의 제목이다. 웨민쥔은 1962년에 출생한 중국 현대미술 작가다. 그는 세상에 대한 조롱과 비판으로 사회에 냉소를 보내는 인물들을 그려 냈으며, 그 인물이 자신으로 대체되면서 그 남자는 우스꽝스러운 복장에 과격하게 웃어 대는 모습으로 그려졌다. 그러나 이 웃음 속에는 중국의 급격한 변화와 함께 야기된 사회의 무질서나 인간 상실에 대한 슬픔, 분노, 체념이 뒤섞여 있다. '처형' 은 천안문 유혈 사태를 배경으로 하고 있는 작품이다. 이 그림을 보면 네 명의 사형수들이 하나같은 모습으로 웃고 있고, 총을 쏘는 사수 역시 같은 모습을 하고 있다. 사형수나 사수나 모두 죄 없는 사람인데 서로 죽고 죽여야 했던 어처구니없는 사건이 천안문 사태요, 이를 풍자하기 위해 이렇게 웃는 인물들로만 구성했다. 민주화를 위한 정당한 요구에 총부리를 겨눠 수많은 사람들의 목숨을 앗아간 천안문 사태는 분명 비판 받고 규탄되어야 할 사건이지만 그러한 외침보다 작가는 풍자와 냉소를 택하고 있다. 사형수의 입속으로 붉은 태양이 들어가고, 사수가 총을 겨누다 오줌이 마렵고, 사수의 손에 총이 없고 하는 우스꽝스러운 장면 연출은 모두 웨민쥔의 뜻과 마찬가지로 시인 역시 '처형' 이라는 작품을 희화하기 위한 의도이다.

이 밖에도 시인은 그 유명한 르네 마그리트의 「골콘드」를 제재로 하여 개인 정체성의 상실과 단조로움을 얘기하기도 하고, 모차르트의 〈레퀴엠〉을 직접 시의 제목으로 한 「레퀴엠」을 통해서 그 곡에 담긴 모차르트의 고뇌를 묘사하기도 한다. 특히 "연못 속에 담겨진 흙탕물 위로/ 오래된 음표들이 흘러나온다/ 고인 물이 마지막 악장을 빨아들인다" (「레퀴엠」) 같은 구절은 모차르트의 미완성 작품인 이 곡의 선율을 머릿속에 그리는 듯이 표현하고 있어 감탄이 나올 정도이다.

이상 살펴보았듯이 최혜숙 시인은 소설, 영화, 그림, 음악 등 다양한 장르의 예술 작품들을 소재로 하면서 그 작품에 담긴 메시지를 자기 나름으로 시를 통해 전달한다. 그러나 주제 전달에 급급하지 않고 냉정하게 거리를 유지하고 있다. 이는 최 시인이 지닌 장점이라고 평가할 수 있다. 앞으로도 이러한 역량이 응집하여 더욱 좋은 시세계를 형성해 나가리라 기대한다.

시인 최혜숙/ 崔惠淑

전남 영암 출생
서경대학교 영문과 졸업
2007년『시현실』봄호로 등단

E-mail : calipsoice@hanmail.net

그날이 그날 같은

지은이 | 최혜숙
펴낸이 | 김재돈
펴낸곳 | 도서출판 시와시학
1판1쇄 | 2010년 10월 30일
출판등록 | 2010년 8월 10일
등록번호 | 제2010-000036호
주소 | 서울 종로구 명륜동1가 42
전화 | 744-0110
FAX | 3672-2674

값 8,000원

ISBN 978-89-953432-5-8 03810